RÉPUBLIQUE FRANÇAISE.

VISION.

—

CREAU.

—

PRÉFECTURE DU DÉPARTEMENT DE LA SEINE.

LOIS ÉLECTORALES.

LOI ÉLECTORALE

des 8 et 28 Février et 15 Mars 1849.

L'Assemblée Nationale a adopté,

Et le Président de l'Assemblée promulgue la loi dont la teneur suit :

TITRE PREMIER.

Formation des Listes électorales.

ARTICLE PREMIER.

Dans les douze jours qui suivront la promulgation de la présente loi, la liste électorale sera dressée pour chaque commune par le maire (1).

ART. 2.

Elle comprendra, par ordre alphabétique :

1° Tous les Français, âgés de vingt et un ans accomplis, jouissant de leurs droits civils et politiques, et habitant dans la commune depuis six mois au moins (2) ;

2° Ceux qui, n'ayant pas atteint, lors de la formation de la liste, les conditions d'âge et d'habitation, les acquerront avant sa clôture définitive (3).

Les militaires en activité de service et les hommes retenus pour le service des ports ou de la flotte en vertu de leur immatriculation sur les rôles de l'inscription maritime, seront portés sur les listes des communes où ils étaient domiciliés avant leur départ (4).

Les conditions d'habitation depuis six mois au moins dans la commune ne seront point exigées des citoyens qui, en vertu du décret du 19 septembre dernier, auront quitté la France pour s'établir en Algérie.

ART. 3.

Ne seront pas inscrits sur la liste électorale :

1° Les individus privés de leurs droits civils et politiques par suite de condamnations, soit à des peines

---

(1) Remplacé par l'art. 1 de la loi du 31 mai, page 35.

(2) Modifié par l'art. 2-1° de la loi du 31 mai, page 35.

(3) Maintenu par l'art. 2-2° de la loi du 31 mai, page 35.

(4) Remplacé par l'art. 6 de la loi du 31 mai, page 37.

afflictives et infamantes, soit à des peines infamantes seulement (1);

2° Ceux auxquels les tribunaux jugeant correctionnellement ont interdit le droit de vote et d'élection par application des lois qui autorisent cette interdiction (2);

3° Les condamnés pour crime à l'emprisonnement par application de l'art. 463 du Code pénal (3);

4° Les condamnés à trois mois de prison au moins, pour vol, escroquerie, abus de confiance, soustraction commise par des dépositaires de deniers publics, ou attentat aux mœurs prévu par l'art. 334 du Code pénal (4);

5° Ceux qui ont été condamnés à trois mois de prison par application des art. 318 et 423 du Code pénal (5);

6° Ceux qui ont été condamnés pour délit d'usure (6);

7° Les interdits (7);

8° Les faillis qui, n'ayant point obtenu de concordat ou n'ayant point été déclarés excusables, conformément à l'art. 538 du Code de commerce, n'ont pas d'ailleurs été réhabilités (8).

Toutefois le paragraphe 3 du présent article n'est applicable ni aux condamnés en matière politique, ni aux condamnés pour coups et blessures, si l'interdiction du droit

---

(1) Maintenu, art. 8-1° de la loi du du 31 mai, page 38. — Code pénal, art. 7. Les peines afflictives et infamantes sont : 1° le bannissement ; 2° la dégradation civique ; 3° la déportation ; 4° les travaux forcés à temps ; 5° la détention ; 6° la réclusion. — Art. 8 du Code pénal. Les peines infamantes sont: 1° le bannissement ; 2° la dégradation civique.

(2) Maintenu, art. 8-1° de la loi du 31 mai, page 38.

(3) Maintenu, art. 8-1° de la loi du 31 mai, page 38. — Art. 463 du Code pénal. Cet article a rapport à la modification que peuvent subir les peines prononcées par la loi contre celui ou ceux des accusés reconnus coupables, en faveur de qui le jury a déclaré des circonstances atténuantes.

(4) Modifié par l'art. 8-3° de la loi du 31 mai, page 38. — Art. 334 du Code pénal. Quiconque aura attenté aux mœurs, en excitant, favorisant ou facilitant habituellement la débauche ou la corruption de la jeunesse de l'un ou de l'autre sexe au-dessous de l'âge de 21 ans sera puni d'un emprisonnement de 6 mois à 2 ans, et d'une amende de 50 fr. à 500 fr.

(5) Maintenu par l'art. 8-1° de la loi du 31 mai, page 38. — Art. 318 du Code pénal. Quiconque aura vendu ou débité des boissons falsifiées, contenant des mixtions nuisibles à la santé, sera puni d'un emprisonnement de 6 jours à 2 ans et d'une amende de 16 fr. à 500 fr.

Art. 423 du Code pénal. Quiconque aura trompé l'acheteur sur le titre des matières d'or ou d'argent, sur la qualité d'une pierre fausse vendue pour fine, sur la nature de toutes marchandises ; quiconque, par usage de faux poids ou de fausses mesures, aura trompé sur la quantité des choses vendues, sera puni de l'emprisonnement pendant 3 mois au moins, un an au plus, et d'une amende qui ne pourra excéder le quart des restitutions et dommages et intérêts, ni être au-dessous de 50 fr.

(6) Maintenu par l'art. 8-1° de la loi du 31 mai, page 38.

(7) Maintenu par l'art. 8-1° de la loi du 31 mai, page 38.

(8) Modifié par l'art. 8-2° de la loi du 31 mai, page 38.

d'élire n'a pas été, dans le cas où la loi l'autorise, prononcée par l'arrêt de condamnation.

Art. 4 (1).

Après l'expiration du délai porté à l'art. 1er, la liste,
dressée par le maire, sera immédiatement déposée au secrétariat de la mairie pour y être communiquée à tout requérant ; elle pourra être copiée et reproduite par la voie de
l'impression (2).

Le jour même du dépôt de la liste, avis de ce dépôt sera
donné par affiches apposées aux lieux accoutumés.

Art. 5.

Une copie de la liste et du procès-verbal constatant
l'accomplissement des formalités prescrites par l'article précédent, sera en même temps transmise au sous-préfet de
l'arrondissement, qui l'adressera dans les deux jours, avec
ses observations, au préfet du département.

Art. 6.

Si le préfet estime que les formalités et les délais pres-
crits par la loi n'ont pas été observés, il devra, dans les
deux jours de la réception de la liste, déférer les opérations
du maire au conseil de préfecture du département, qui
statuera dans les trois jours, et fixera, s'il y a lieu, le délai
dans lequel les opérations annulées devront être refaites.

Dans ce dernier cas, le conseil de préfecture pourra, par
la même décision, réduire à cinq jours le terme pendant
lequel les citoyens devront prendre connaissance de la
liste et former leurs réclamations; il pourra également
ordonner que les réclamations seront, dans les trois jours
de leur date, portées devant le juge de paix, directement,
et sans examen préalable, par la commisssion municipale.

Art. 7.

Tout citoyen omis sur la liste pourra, dans les dix jours
à compter de l'apposition des affiches, présenter sa réclamation à la mairie.

Dans le même délai, tout électeur inscrit sur l'une des

---

(1) Toutes les dispositions que renfer-
ment les art. 4 et suiv. jusqu'au titre 2,
sont maintenues par l'art. 16 de la loi
du 31 mai, page 42.

(2) Le délai fixé par l'art. 1 de la loi
du 31 mai est de trente jours.

listes du département pourra réclamer la radiation ou l'inscription de tout individu omis ou indûment inscrit.

Il sera ouvert, dans chaque mairie, un registre sur lequel les réclamations seront inscrites par ordre de date : le maire devra donner récépissé de chaque réclamation.

Art. 8.

L'électeur dont l'inscription aura été contestée en sera averti sans frais par le maire, et pourra présenter ses observations.

Les réclamations seront jugées dans les cinq jours par une commission composée, à Paris, du maire et de deux adjoints; partout ailleurs, du maire et de deux membres du conseil municipal désignés à cet effet par le conseil.

Art. 9.

Notification de la décision sera, dans les trois jours, faite aux parties intéressées, par le ministère d'un agent assermenté.

Elles pourront en appeler dans les cinq jours de la notification.

Art. 10.

L'appel sera porté devant le juge de paix du canton; il sera formé par simple déclaration au greffe ; le juge de paix statuera dans les dix jours, sans frais ni forme de procédure, et sur simple avertissement donné trois jours à l'avance à toutes les parties intéressées.

Toutefois, si la demande portée devant lui implique la solution préjudicielle d'une question d'état, il renverra préalablement les parties se pourvoir devant les juges compétents, et fixera un bref délai dans lequel la partie qui aura élevé la question préjudicielle devra justifier de ses diligences.

Il sera procédé, en cette circonstance, conformément aux art. 855, 856 et 858 du Code de procédure (1).

---

(1) Art. 855 du Code de procédure. Celui qui voudra faire ordonner la rectification d'un acte de l'état civil présentera requête au président du tribunal de première instance.

Art. 856. Il y sera statué sur rapport et sur les conclusions du ministère public. Les juges ordonneront, s'ils l'estiment convenable, que les parties intéressées seront appelées et que le conseil de famille sera préalablement convoqué. — S'il y a lieu d'appeler les parties intéressées, la demande sera formée par exploit, sans préliminaire de conciliation. — Elle le sera par acte d'avoué, si les parties sont en instance.

Art. 858. Dans le cas où il n'y aurait d'autre partie que le demandeur en rectification, et où il croirait avoir à se plaindre du jugement, il pourra, dans les trois mois depuis la date de ce jugement, se pourvoir à la cour royale, en présentant au président une requête, sur laquelle il sera indiqué un jour auquel il sera statué à l'audience sur les conclusions du ministère public.

Art. 11.

La décision du juge de paix sera en dernier ressort, mais elle pourra être déférée à la cour de cassation.

Art. 12.

Le pourvoi ne sera recevable que s'il est formé dans les dix jours de la notification de la décision ; il ne sera pas suspensif.

Il sera formé par simple requête, dispensé de l'intermédiaire d'un avocat à la cour, et jugé d'urgence sans frais ni consignation d'amende.

Art. 13.

Tous les actes judiciaires seront, en matière électorale, dispensés du timbre, et enregistrés gratis.

Les extraits des actes de naissance nécessaires pour établir l'âge des électeurs seront délivrés gratuitement sur papier libre à tout réclamant. Ils porteront en tête de leur texte l'énonciation de leur destination spéciale, et ne seront admis pour aucune autre.

Art. 14.

Si la décision du maire a été réformée, le juge de paix en donnera avis au préfet et au maire dans les trois jours de la réformation.

Art. 15.

A l'expiration du dernier des délais fixés par les art. 1, 6, 7, 8, 9, 10, § 1er, et 14 de la présente loi, le maire opérera toutes les rectifications régulièrement ordonnées, transmettra au préfet le tableau de ces rectifications, et arrêtera définitivement la liste électorale de la commune.

Dans tous les cas, et nonobstant toute espèce de retard, les listes électorales, pour toutes les communes, seront censées closes et arrêtées le cinquantième jour qui suivra celui de la promulgation de la présente loi.

Art. 16.

La minute de la liste électorale reste déposée au secrétariat de la commune ; la copie et le tableau rectificatif transmis au préfet, conformément aux art. 5 et 15 de la présente loi, restent déposés au secrétariat général du département.

Communication en est toujours donnée aux citoyens qui la demandent.

ART. 17.

Dès que les listes seront devenues définitives, le préfet en enverra à l'intendant militaire un extrait contenant les noms de tous les électeurs en activité de service militaire.

L'intendant militaire adressera aux conseils d'administration ou aux chefs de corps copie officielle de la partie de cet extrait concernant les hommes sous leurs ordres.

Des extraits semblables, en ce qui concerne les hommes immatriculés sur les rôles de l'inscription maritime et retenus par le service des ports ou de la flotte, seront également envoyés par les préfets aux commissaires de marine, qui les transmettront sans délai aux chefs maritimes sous les ordres desquels ces hommes sont placés.

ART. 18.

Toutefois, et pour l'élection de la prochaine assemblée législative, dans les localités où les extraits officiels de la liste définitive n'auront pu parvenir aux conseils d'administration ou aux chefs de corps pour le jour de l'élection, les militaires et les hommes au service des ports ou de la flotte seront admis à voter sur le vu de l'extrait de la liste, telle qu'elle aura été originairement dressée par le maire, et transmise en copie au préfet, conformément aux art. 1, 2, 3, 4 et 5 de la présente loi.

A cet effet, dès la réception de cette copie, le préfet pourvoira à ce que les extraits en soient immédiatement envoyés, comme il est dit en l'article précédent.

ART. 19.

Quinze jours avant l'élection, le préfet fera publier, dans le recueil des actes administratifs du département, le tableau des corps auxquels appartiennent les électeurs du département en activité de service militaire ou maritime, et l'indication des lieux où ces corps se trouvent.

Ce tableau sera en même temps déposé au secrétariat de la préfecture, pour y être communiqué à toute réquisition.

TITRE II (1).

Révision annuelle des listes électorales.

ART. 20.

Les listes électorales sont permanentes.

Il ne peut y être fait de changement que lors de la révision annuelle ; cette révision s'opère conformément aux dispositions suivantes :

ART. 21.

Du 1ᵉʳ au 10 janvier de chaque année, le maire de chaque commune ajoute aux listes les citoyens qu'il reconnaît avoir acquis les qualités exigées par la loi, ceux qui acquerront les conditions d'âge et d'habitation avant le 1ᵉʳ avril, et ceux qui auraient été précédemment omis.

Il en retranche :

1° Les individus décédés ;

2° Ceux dont la radiation a été ordonnée par l'autorité compétente ;

3° Ceux qui ont perdu les qualités requises ;

4° Ceux qu'il reconnaît avoir été indûment inscrits, quoique leur inscription n'ait point été attaquée.

Il tient un registre de toutes ces décisions, et y mentionne les motifs et les pièces à l'appui.

ART. 22.

Le tableau contenant les additions et retranchements faits par le maire à la liste électorale est déposé au plus tard le 15 janvier au secrétariat de la commune.

Il est ensuite procédé, à l'égard de ce tableau, conformément aux art. 4, 5, 6, § 1ᵉʳ, 7, 8, 9, 10, 11, 12, 13 et 14 de la présente loi.

ART. 23.

Le 31 mars de chaque année, le maire opère toutes les rectifications régulièrement ordonnées, transmet au préfet

---

(1) Toutes les dispositions relatives à la révision ont été maintenues par l'art. 16, § 4, de la loi du 31 mai, page 42.

le tableau de ces rectifications et arrête définitivement la liste électorale de la commune.

Il est ensuite procédé conformément aux art. 16 et 17 de la présente loi.

La liste électorale reste jusqu'au 31 mars de l'année suivante telle qu'elle a été arrêtée, sauf néanmoins les changements qui y auraient été ordonnés par décisions du juge de paix, et sauf aussi la radiation des noms des électeurs décédés ou privés des droits civils et politiques par jugement ayant force de chose jugée.

L'élection, à quelque époque de l'année qu'elle ait lieu, se fait sur cette liste.

TITRE III.

Des colléges électoraux.

CHAPITRE PREMIER.

ART. 24.

Les colléges électoraux s'ouvrent au jour fixé par la loi pour les élections auxquelles ils doivent procéder.

Le jour de l'ouverture du scrutin devra toujours être un dimanche ou un jour férié, sauf toutefois le cas prévu par le troisième paragraphe de l'art. 31 de la Constitution (1).

ART. 25.

Les électeurs se réunissent au chef-lieu de canton.

ART. 26.

Néanmoins, en raison des circonstances locales, le canton peut être divisé en circonscriptions.

---

(1) L'Assemblée nationale est élue pour trois ans et se renouvelle intégralement.— Quarante-cinq jours au plus tard avant la fin de la législature, une loi détermine l'époque des nouvelles élections. — Si aucune loi n'est intervenue dans le délai fixé par le paragraphe précédent, les électeurs se réunissent de plein droit le trentième jour qui précède la fin de la législature. — La nouvelle Assemblée est convoquée de plein droit pour le lendemain du jour où finit le mandat de l'Assemblée précédente.

Art. 27 (1).

Cette division ne peut excéder le nombre de quatre circonscriptions.

Art. 28 (2).

Le tableau des circonscriptions est arrêté par le préfet, conformément à l'avis du conseil général. Les conseils cantonaux sont préalablement consultés. Le tableau est révisé tous les trois ans.

Art. 29 (3).

Si la division opérée pour un canton excède le nombre de circonscriptions autorisé par l'article précédent, le ministre de l'intérieur, soit d'office, soit sur la réclamation d'un ou de plusieurs électeurs du département, annulle la délibération du conseil général, l'arrêté du préfet qui s'en est suivi, et pourvoit, par la même décision, à une nouvelle division dans les limites légales.

Art. 30.

Transitoirement, et seulement pour les élections de la prochaine assemblée législative, les circonscriptions resteront telles qu'elles ont été formées pour l'élection du 10 décembre dernier.

Néanmoins, à l'égard des cantons où, contrairement à la loi, la division aurait été faite en plus de quatre circonscriptions, il sera procédé, par le ministre de l'intérieur, conformément aux dispositions de l'article précédent.

Art. 31.

Chaque canton ou circonscription cantonale peut être divisé, par arrêté du préfet, en autant de sections que le rend nécessaire le nombre des électeurs inscrits; mais toutes les sections doivent siéger au chef-lieu du canton ou dans la commune désignée comme chef-lieu de la circonscription électorale.

Art. 32.

Les colléges électoraux ne peuvent s'occuper que de l'élection pour laquelle ils sont réunis.

---

(1) Modifié par la loi du 1er janvier 1850, page 33.
(2) Remplacé par l'art. 1er de la loi du 1er janvier 1850, page 33.

(3) Modifié par la loi du 1er janvier 1850, page 33.

Toutes discussions, toutes délibérations leur sont interdites.

Art. 33.

Le président du collège ou de la section a seul la police de l'assemblée.

Nulle force armée ne peut, sans son autorisation, être placée dans la salle des séances ni aux abords du lieu où se tient l'assemblée.

Les autorités civiles et les commandants militaires sont tenus de déférer à ses réquisitions.

Art. 34.

Le bureau de chaque collège ou section est composé d'un président, de quatre assesseurs, et d'un secrétaire choisi par eux parmi les électeurs. ·

Dans les délibérations du bureau, le secrétaire n'a que voix consultative.

Art. 35.

Les collèges et sections sont présidés au chef-lieu de canton par le juge de paix et ses suppléants, et, à leur défaut, par les maires, adjoints et conseillers municipaux de la commune.

Dans les autres circonscriptions, la présidence est dévolue aux maires, adjoints et conseillers municipaux de la commune désignée comme chef-lieu de la circonscription électorale.

Si les juges de paix, suppléants, maires, adjoints et conseillers municipaux ne se trouvent pas en nombre suffisant pour présider toutes les sections, les présidents sont désignés par le maire parmi les électeurs sachant lire et écrire.

A Paris, les sections sont présidées, dans chaque arrondissement, par le maire, les adjoints, ou des électeurs désignés par eux.

Art. 36.

Les assesseurs sont pris, suivant l'ordre du tableau, parmi les conseillers municipaux sachant lire et écrire; à leur défaut, les assesseurs sont les deux plus âgés et les deux plus jeunes électeurs présents sachant lire et écrire.

A Paris, les fonctions d'assesseurs sont remplies dans

chaque section par les deux plus âgés et les deux plus jeunes électeurs présents et sachant lire et écrire.

ART. 37.

Trois membres du bureau au moins doivent être présents pendant tout le cours des opérations du collége.

ART. 38.

Le bureau prononce provisoirement sur les difficultés qui s'élèvent touchant les opérations du collége ou de la section.

Ses décisions sont motivées.

Toutes les réclamations et décisions sont insérées au procès-verbal ; les pièces ou bulletins qui s'y rapportent y sont annexés, après avoir été paraphés par le bureau.

ART. 39.

Pendant toute la durée des opérations électorales, une copie officielle de la liste des électeurs, contenant les nom, domicile et qualification de chacun des inscrits, reste déposée sur la table autour de laquelle siége le bureau.

ART. 40.

Tout électeur inscrit sur cette liste a le droit de prendre part au vote.

ART. 41.

Ce droit est suspendu :

Pour les détenus,

Pour les accusés contumax,

Et pour les personnes non interdites, mais retenues, en vertu de la loi du 30 juin 1838, dans un établissement public d'aliénés.

ART. 42.

Nul ne peut être admis à voter s'il n'est inscrit sur la liste.

ART. 43.

Toutefois seront admis au vote, quoique non inscrits, les citoyens porteurs d'une décision du juge de paix ordonnant leur inscription, ou d'un arrêt de la cour de cassation annulant un jugement qui aurait ordonné une radiation.

Art. 44.

Lors de l'élection soit du président de la **République**, soit des membres de l'Assemblée nationale, les représentants du peuple seront également admis au vote, s'ils le requièrent, dans la circonscription électorale du lieu où siége l'Assemblée (1).

Art. 45.

Nul électeur ne peut entrer dans le collége électoral s'il est porteur d'armes quelconques.

Art. 46.

Les électeurs sont appelés successivement par ordre de communes.

Art. 47.

Ils apportent leurs bulletins préparés en dehors de l'Assemblée.

Le papier du bulletin doit être blanc et sans signes extérieurs.

Art. 48.

A l'appel de son nom l'électeur remet au président son bulletin fermé.

Le président le dépose dans la boîte du scrutin, laquelle doit, avant le commencement du vote, avoir été fermée à deux serrures, dont les clés restent, l'une entre les mains du président, l'autre entre celles du scrutateur le plus âgé.

Art. 49.

Le vote de chaque électeur est constaté par la signature ou le paraphe de l'un des membres du bureau, apposé sur la liste, en marge du nom du votant.

Art. 50.

L'appel par commune étant terminé, il est procédé au réappel de tous ceux qui n'ont pas voté.

Art. 51.

Le scrutin reste ouvert pendant deux jours : le premier

---

(1) Modifié par l'art. 5, § 3 et 4 de la loi du 31 mai, page 37.

jour depuis huit heures du matin jusqu'à six heures du
soir, et le second jour depuis huit heures du matin jusqu'à
quatre heures du soir.

Art. 52.

Les boîtes du scrutin sont scellées et déposées pendant la
nuit au secrétariat ou dans la salle de la mairie, et elles
sont gardées par un poste de la garde nationale.

Les scellés sont également apposés sur les ouvertures de
la salle où ces boîtes ont été déposées.

Art. 53.

Après la clôture du scrutin, il est procédé au dépouillement de la manière suivante :

La boîte du scrutin est ouverte, et le nombre des bulletins vérifié.

Si ce nombre est plus grand ou moindre que celui des
votants, il en est fait mention au procès-verbal.

Le bureau désigne parmi les électeurs présents un certain
nombre de scrutateurs sachant lire et écrire, lesquels se
divisent par tables de quatre au moins.

Le président répartit entre les diverses tables les bulletins à vérifier.

A chaque table, l'un des scrutateurs lit chaque bulletin à
haute voix, et le passe à un autre scrutateur ; les noms
portés sur les bulletins sont relevés sur des listes préparées
à cet effet.

Art. 54.

Le président et les membres du bureau surveillent l'opé-
ration du dépouillement.

Néanmoins, dans les colléges ou sections où il se sera
présenté moins de 300 votants, le bureau pourra procéder
lui-même, et sans l'intervention des scrutateurs supplémen-
taires, au dépouillement du scrutin.

Art. 55.

Les tables sur lesquelles s'opère le dépouillement du
scrutin sont disposées de telle sorte que les électeurs puissent
circuler alentour.

Art. 56.

Sont valables les bulletins contenant plus ou moins de noms qu'il n'y a de citoyens à élire.

Les derniers noms inscrits au-delà de ce nombre ne sont pas comptés.

Art. 57.

Les bulletins blancs,

Ceux ne contenant pas une désignation suffisante,

Ou contenant une désignation ou qualification inconstitutionnelle,

Ou dans lesquelles les votants se font connaître, n'entrent point en compte dans le résultat du dépouillement, mais ils sont annexés au procès-verbal.

Art. 58.

Immédiatement après le dépouillement, le résultat du scrutin est rendu public, et les bulletins autres que ceux qui, conformément aux art. 38 et 57, doivent être annexés au procès-verbal, sont brûlés en présence des électeurs.

Art. 59.

Pour les colléges divisés en plusieurs sections, le dépouillement du scrutin se fait dans chaque section. Le résultat est immédiatement arrêté et signé par le bureau; il est ensuite porté par le président au bureau de la première section, qui, en présence des présidents des autres sections, opère le recensement général des votes et en proclame le résultat.

Art. 60.

Dans les cantons divisés en plusieurs circonscriptions, le résultat du recensement dans chaque circonscription est porté au bureau de la circonscription du chef-lieu, et le recensement cantonal est fait par ce bureau en présence des présidents des autres bureaux.

Art. 61.

Les procès-verbaux des opérations électorales de chaque canton sont rédigés en double.

L'un de ces doubles reste déposé au greffe de la justice de paix; l'autre double est porté au chef-lieu du département par le président du bureau ou par l'un des membres que le bureau délègue à cet effet.

Le bureau pourra, au besoin, décider que ce double sera envoyé par la poste ou par un courrier spécial.

Le recensement général des votes se fait au chef-lieu du département, en séance publique, et en présence des délégués des bureaux des assemblées cantonales, sous la présidence du juge de paix ou du doyen des juges de paix du chef-lieu.

A Paris, ce recensement a lieu sous la présidence du doyen des maires.

ART. 62.

Les militaires présents sous le drapeau sont, dans chaque localité, répartis en sections électorales par département.

Chaque section est présidée par l'officier ou sous-officier le plus élevé en grade, ou, à défaut, par le soldat le plus ancien, assisté de quatre scrutateurs.

Ces quatre scrutateurs sont les deux plus âgés et les deux plus jeunes électeurs présents sachant lire et écrire.

Il est procédé de la même manière pour les marins et ouvriers portés sur les rôles de l'inscription maritime, et retenus par leur service hors du lieu de leur résidence habituelle.

Le résultat est, pour chaque département, envoyé au préfet par le président de la section (1).

Le résultat transmis par le préfet au président du bureau électoral du chef-lieu est compris dans le recensement général des votes du département (1).

Néanmoins, l'exercice du droit électoral est suspendu pour les armées en campagne et pour les marins de la flotte se trouvant en cours de navigation.

ART. 63.

Le recensement général des votes étant terminé, le président en fait connaître le résultat.

S'il s'agit d'élections à l'Assemblée nationale, le président proclame représentants du peuple, dans la limite du nombre attribué au département par la loi, les candidats

_____

(1) Remplacé par l'art. 42 de la loi du 31 mai, page 41.

qui ont obtenu le plus de voix, selon l'ordre de la majorité relative.

Art. 64.

Néanmoins, nul n'est élu ni proclamé au premier tour de scrutin, s'il n'a réuni un nombre de voix égal au huitième de celui des électeurs inscrits sur la totalité des listes électorales du département (1).

Art. 65.

Dans le cas où le nombre des candidats réunissant au moins ce chiffre de voix est resté inférieur au nombre de représentants attribué au département par la loi, l'élection est continuée au deuxième dimanche qui suit le jour de la proclamation du résultat du premier scrutin, et alors elle a lieu à la majorité relative, quel que soit le nombre des suffrages obtenus.

Art. 66.

Dans tous les cas où il y a concours pour égalité de suffrages, le plus âgé obtient la préférence.

Art. 67.

Aussitôt après la proclamation du résultat des opérations électorales, les procès-verbaux et les pièces y annexées sont transmis par les soins des préfets au président de l'Assemblée nationale.

Art. 68.

Les opérations électorales sont vérifiées par l'Assemblée nationale ; elle est seule juge de la validité.

Art. 69.

Pour l'élection du président de la République, les militaires en activité de service votent avec les autres électeurs au lieu où ils se trouvent au jour de l'élection.

Art. 70.

Dans les villes divisées en plusieurs sections, ils sont répartis entre les diverses sections par un arrêté spécial du maire.

---

(1) Remplacé par l'art. 13 de la loi du 31 mai, page 41.

Art. 71.

Leurs bulletins sont confondus dans la même urne avec ceux des autres citoyens.

Art. 72.

Au cas où des circonstances particulières rendent impossible le vote en commun avec les autres électeurs, les opérations électorales ont lieu sous la présidence de l'officier le plus élevé en grade, assisté de quatre scrutateurs choisis comme il est dit en l'art. 62.

Art. 73.

Le scrutin est dépouillé séance tenante, et le procès-verbal signé par les membres du bureau est envoyé directement au président de l'Assemblée nationale.

Art. 74.

Les électeurs momentanément retenus par leurs affaires ou leur travail dans une commune autre que celle sur la liste de laquelle ils sont inscrits, sont également, pour l'élection du président de la République, admis à voter dans le lieu de leur présence actuelle, s'ils produisent la preuve de leur inscription régulière sur la liste de leur commune.

Pour jouir de cette faculté, ils doivent, dans les trois jours qui précèdent celui de l'élection, déposer les pièces justificatives de leur droit au secrétariat de la mairie ; il leur est donné en échange une carte indiquant le collége ou la section dans laquelle ils seront admis à voter.

CHAPITRE II.

Dispositions spéciales pour l'Algérie et les colonies.

Art. 75.

Les élections pour la présidence de la République et pour l'Assemblée nationale auront lieu :

En Algérie, 15 jours,
Aux Antilles, 45 jours,
Au Sénégal et à la Guyane, 80 jours,
A l'île de la Réunion, 120 j.,

} avant celui fixé pour les mêmes élections en France.

ART. 76.

Néanmoins, pour l'élection de la prochaine Assemblée législative, les délais et formalités, en ce qui touche les colonies, seront réglés ainsi qu'il suit :

Aussitôt après la publication de la présente loi dans chaque colonie, il sera procédé à la formation des listes électorales.

Les élections auront lieu, dans chaque colonie, le premier dimanche qui suivra la clôture desdites listes.

ART. 77.

Les subdivisions électorales en sections par communes, quartiers ou sous-arrondissements, seront, dans chaque colonie, déterminées par l'autorité administrative.

ART. 78.

Les fonctionnaires désignés par la présente loi seront, au besoin, remplacés par ceux dont les fonctions sont analogues ; une instruction ministérielle y pourvoira conformément aux nécessités locales.

TITRE IV.

Des éligibles.

ART. 79.

Ne peuvent être élus représentants du peuple :

1° Les individus privés de leurs droits civils et politiques par suite de condamnation, soit à des peines afflictives et infamantes, soit à des peines infamantes seulement ;

2° Ceux auxquels les tribunaux jugeant correctionnellement ont interdit le droit de vote, d'élection ou d'éligibilité, par application des lois qui autorisent cette interdiction ;

3° Les condamnés pour crime à l'emprisonnement par application de l'art. 463 du Code pénal (1) ;

4° Les condamnés pour vol, escroquerie, abus de con-

_____

(1) L'art. 463 du Code pénal est celui où le jury peut admettre des circonstances atténuantes.

fiance, soustraction commise par des dépositaires de deniers publics, ou attentat aux mœurs prévu par l'art. 334 du Code pénal (1) ;

5° Ceux qui ont été condamnés par application des art. 318 et 423 du Code pénal (2) ;

6° Ceux qui ont été condamnés pour délit d'usure ;

7° Ceux qui ont été condamnés pour adultère ;

8° Les accusés contumax ;

9° Les interdits et les citoyens pourvus d'un conseil judiciaire ;

10° Les faillis non réhabilités, dont la faillite a été déclarée soit par les tribunaux français, soit par jugement rendu à l'étranger, mais exécutoire en France (3).

Toutefois le paragraphe troisième du présent article n'est applicable ni aux condamnés en matière politique, ni aux condamnés pour coups et blessures, si l'interdiction du droit de vote, d'élection ou d'éligibilité n'a pas été, dans le cas où la loi l'autorise, prononcée par l'arrêt de condamnation.

Art. 80.

Sera déchu de la qualité de représentant du peuple tout membre de l'Assemblée nationale qui, pendant la durée de son mandat législatif, aura été frappé d'une condamnation emportant, aux termes de l'article précédent, l'incapacité d'être élu. La déchéance sera prononcée par l'Assemblée nationale, sur le vu des pièces justificatives.

Art. 81.

Ne peuvent être élus représentants du peuple :

1° Les individus chargés d'une fourniture pour le Gouvernement ou d'une entreprise de travaux publics ;

---

(1) Art. 334 du Code pénal. Quiconque aura attenté aux mœurs, en excitant, favorisant ou facilitant habituellement la débauche ou la corruption de la jeunesse de l'un ou de l'autre sexe au-dessous de l'âge de 21 ans, sera puni d'un emprisonnement de 6 mois à 2 ans et d'une amende de 50 fr à 500 fr.

(2) Art. 318 du Code pénal. Quiconque aura vendu ou débité des boissons falsifiées, contenant des mixtions nuisibles à la santé, sera puni d'un emprisonnement de 6 jours à 2 ans, et d'une amende de 16 fr. à 500 fr.

Art. 423 du Code pénal. Quiconque aura trompé l'acheteur sur le titre des matières d'or ou d'argent, sur la qualité d'une pierre fausse vendue pour fine, sur la nature de toutes marchandises ; quiconque, par usage de faux poids ou de fausses mesures, aura trompé sur la quantité des choses vendues, sera puni de l'emprisonnement pendant 3 mois au moins, un an au plus, et d'une amende qui ne pourra excéder le quart des restitutions et dommages-intérêts, ni être au-dessous de 50 fr.

(3) Voir la note 2 de l'art. 8 de la loi du 31 mai, page 38.

2° Les directeurs et administrateurs de chemins de fer.

Tout représentant du peuple qui, pendant le cours de son mandat, aura entrepris une fourniture pour le Gouvernement ou accepté une place soit de directeur, soit d'administrateur de chemin de fer, ou qui aura pris un intérêt dans une entreprise soumise au vote de l'Assemblée nationale, sera réputé démissionnaire et déclaré tel par l'Assemblée nationale.

Tout marché passé par le Gouvernement avec un membre de la législature, dans les six mois qui la suivent, est nul.

Les dispositions précédentes ne s'appliquent pas, pour l'élection de la prochaine législature, aux individus ayant passé des marchés avec le Gouvernement antérieurement à la promulgation de la présente loi.

Art. 82.

Ne peuvent être élus par les départements compris en tout ou en partie dans leur ressort :

Les premiers présidents, les présidents et les membres des parquets des cours d'appel ;

Les présidents, les vice-présidents, les juges d'instruction et les membres des parquets des tribunaux de première instance ;

Le commandant supérieur des gardes nationales de la Seine ;

Le préfet de police, les préfets, sous-préfets, secrétaires généraux et conseillers de préfecture ;

Les ingénieurs en chef d'arrondissement ;

Les recteurs et inspecteurs d'académie ;

Les inspecteurs des écoles primaires ;

Les archevêques, évêques et vicaires généraux ;

Les officiers généraux commandant les divisions et les subdivisions militaires ;

Les intendants divisionnaires et les sous-intendants militaires ;

Les préfets maritimes ;

Les receveurs généraux et les receveurs particuliers des finances ;

Les directeurs des contributions directes et indirectes, des domaines et de l'enregistrement, et des douanes ;

Les conservateurs et inspecteurs des forêts.

Cette prohibition s'applique, pour les colonies, aux gouverneurs et à tous les citoyens y remplissant une fonction correspondant à l'une de celles énumérées au présent article.

ART. 83.

La prohibition continuera de subsister pendant les six mois qui suivront la cessation de la fonction par démission, destitution, changement de résidence ou de toute autre manière.

Toutefois cette disposition ne s'appliquera pas aux fonctionnaires dont les fonctions auront cessé, soit avant la promulgation de la présente loi, soit dans les dix jours qui la suivront.

ART. 84.

Tout fonctionnaire rétribué élu représentant du peuple, et non compris dans les exceptions admises par les art. 85 et 86 de la présente loi, sera réputé démissionnaire de ses fonctions, par le seul fait de son admission comme membre de l'Assemblée législative, s'il n'a pas opté, avant la vérification de ses pouvoirs, entre sa fonction et le mandat législatif.

ART. 85.

Sont, en vertu de l'art. 28 de la Constitution, exceptés de l'incompatibilité prononcée par cet article entre toute fonction publique rétribuée et le mandat de représentant du peuple (1) :

Les ministres ;

Le commandant supérieur des gardes nationales de la Seine ;

Le procureur général à la cour de cassation ;

Le procureur général à la cour d'appel de Paris ;

Le préfet de la Seine ;

---

(1) Art. 28 de la Constitution. Toute fonction publique rétribuée est incompatible avec le mandat de représentant du peuple. — Aucun membre de l'Assemblée nationale ne peut, pendant la durée de la législature, être nommé ou promu à des fonctions publiques salariées, dont les titulaires sont choisis à volonté par le Pouvoir exécutif. — Les exceptions aux dispositions des deux paragraphes précédents seront déterminées par la loi électorale organique.

Les citoyens chargés temporairement d'un commandement extraordinaire ou d'une mission extraordinaire, soit à l'intérieur, soit à l'extérieur.

Toute mission qui aura duré six mois cessera d'être réputée temporaire.

ART. 86.

Sont également exceptés :

Les professeurs dont les chaires sont données au concours ou sur présentation faite par leurs collègues, quand ils exercent leurs fonctions dans le lieu où siége l'Assemblée nationale ;

Les fonctionnaires appartenant à un corps ou à une administration dans lesquels la distinction entre l'emploi et le grade est établie par une loi.

ART. 87.

Les fonctionnaires désignés dans le dernier paragraphe de l'article précédent seront, par le seul fait de leur admission à l'Assemblée législative, réputés avoir renoncé à leur situation d'activité.

En conséquence, à dater du jour de leur admission, et pendant la durée de leur mandat, les officiers de tous grades et de toutes armes, nommés représentants du peuple, seront considérés comme étant en mission hors cadre, les sous-officiers et soldats comme étant en congé temporaire.

Les ingénieurs des ponts et chaussées et des mines seront réputés démissionnaires de leur emploi, et ne conserveront, pour être remis en activité quand l'incompatibilité aura cessé, que l'aptitude constatée par leur grade au moment de leur admission dans l'Assemblée législative.

ART. 88.

Les fonctions publiques rétribuées , commandements ou missions auxquels, par exception à l'art. 28 de la Constitution , les membres de l'Assemblée nationale peuvent être appelés pendant la durée de la législature, par le choix du pouvoir exécutif, sont ceux énumérés en l'art. 85 (1).

(1) Voir ci-dessus art. 85, page 23.

ART. 89.

La prohibition exprimée par le deuxième paragraphe de l'art. 28 de la Constitution comprend toute la durée de la législature, et six mois au-delà (1).

TITRE V.

Dispositions générales.

ART. 90.

Chaque département élit au scrutin de liste le nombre de représentants qui lui est attribué par le tableau annexé à la présente loi. Ce tableau sera révisé dans les trois premiers mois de l'année 1852, et ensuite tous les cinq ans (2).

ART. 91.

Le représentant élu dans plusieurs départements doit faire connaître son option au président de l'Assemblée nationale dans les dix jours qui suivent la déclaration de la validité de ces élections. A défaut d'option dans ce délai, la question est décidée par la voie du sort et en séance publique.

ART. 92.

En cas de vacance par option, décès, démission ou autrement, le collége électoral qui doit pourvoir à la vacance est réuni dans le délai de quarante jours (3).

ART. 93.

Ce délai est de deux mois pour la Corse et l'Algérie ;

De trois mois pour les Antilles et la Guyane ;

De quatre mois pour le Sénégal ;

De cinq mois pour l'île de la Réunion.

ART. 94.

L'intervalle entre la promulgation de l'arrêté de convocation du collége et l'ouverture du collége est de **vingt** jours au moins.

---

(1) Voir ci-dessus art. 85, page 23.
(2) Voir ce tableau, page 32.

(3) Modifié par l'art. 14 de la loi du 31 mai, page 44.

Art. 95.

L'Assemblée nationale a seule le droit de recevoir la démission d'un de ses membres.

Art. 96.

L'indemnité prescrite par l'art. 38 de la Constitution est fixée à 9,000 fr. par an. Elle est incompatible avec tous traitements d'activité, de non-activité ou de disponibilité. Ces traitements restent suspendus pendant la durée de la législature ; toutefois les représentants du peuple, investis des fonctions énumérées dans l'art. 85, touchent le traitement afférent à leur fonction, sans pouvoir cumuler avec ce traitement l'indemnité législative (1).

Les représentants envoyés des colonies reçoivent, en outre, l'indemnité de passage pour l'aller et le retour.

Art. 97.

A partir de la réunion de la prochaine Assemblée législative, les dispositions de l'art. 5 du décret du 10 juillet 1848 cesseront d'avoir leur effet (2).

L'indemnité fixée pour les représentants pourra être saisie, même en totalité.

TITRE VI.

Dispositions pénales.

Art. 98.

Toute personne qui se fera inscrire sur la liste électorale sous de faux noms ou de fausses qualités, ou aura, en se faisant inscrire, dissimulé une incapacité prévue par la loi, ou aura réclamé ou obtenu son inscription sur deux ou plusieurs listes, sera punie d'un emprisonnement d'un mois à un an, et d'une amende de 100 fr. à 1,000 fr.

---

(1) Art. 38 de la Constitution. Chaque représentant du peuple reçoit une indemnité à laquelle il ne peut renoncer.
(2) Décret du 10 juillet 1848. — L'indemnité attribuée aux représentants est, de sa nature, incessible et insaisissable ; aucune opposition n'en peut arrêter le paiement, alors même qu'elle aurait été formée et signifiée antérieurement au présent décret.

Art. 99.

Celui qui, déchu du droit de voter, soit par suite d'une condamnation judiciaire, soit par suite d'une faillite non suivie de concordat, d'excuse déclarée par jugement, ou de réhabilitation, aura voté, soit en vertu d'une inscription sur les listes antérieures à sa déchéance, soit en vertu d'une inscription postérieure, mais opérée sans sa participation, sera puni d'un emprisonnement de quinze jours à trois mois et d'une amende de 50 fr. à 500 fr.

Art. 100.

Quiconque aura voté dans une assemblée électorale, soit en vertu d'une inscription obtenue dans les deux premiers cas prévus par l'art. 94, soit en prenant faussement les noms et qualités d'un électeur inscrit, sera puni d'un emprisonnement de six mois à deux ans et d'une amende de 200 fr. à 2,000 fr.

Art. 101.

Sera puni de la même peine tout citoyen qui aura profité d'une inscription multiple pour voter plus d'une fois.

Art. 102.

Quiconque, étant chargé dans un scrutin de recevoir, compter ou dépouiller les bulletins contenant les suffrages des citoyens, aura soustrait, ajouté ou altéré des bulletins ou lu des noms autres que ceux inscrits, sera puni d'un emprisonnement d'un an à cinq ans et d'une amende de 500 fr. à 5,000 fr.

Art. 103.

La même peine sera appliquée à tout individu qui, chargé par un électeur d'écrire son suffrage, aura inscrit sur le bulletin des noms autres que ceux qui lui étaient désignés.

Art. 104.

L'entrée dans l'assemblée électorale avec armes apparentes sera punie d'une amende de 16 fr. à 100 fr.

La peine sera d'un emprisonnement de quinze jours à trois mois et d'une amende de 50 fr. à 300 fr. si les armes étaient cachées.

Art. 105.

Quiconque aura donné, promis ou reçu des deniers, effets ou valeurs quelconques sous la condition, soit de donner ou de procurer un suffrage, soit de s'abstenir de voter, sera puni d'un emprisonnement de trois mois à deux ans, et d'une amende de 500 fr. à 5,000 fr.

Seront punis des mêmes peines ceux qui, sous les mêmes conditions, auront fait ou accepté l'offre ou la promesse d'emplois publics ou privés, ou de tout autre avantage, soit individuel, soit collectif.

Si le coupable est fonctionnaire public, la peine sera du double.

Art. 106.

Ceux qui, soit par voies de fait, violences ou menaces contre un électeur, soit en lui faisant craindre de perdre son emploi ou d'exposer à un dommage sa personne, sa famille ou sa fortune, l'auront déterminé ou auront tenté de le déterminer à s'abstenir de voter, ou auront, soit influencé, soit tenté d'influencer son vote, seront punis d'un emprisonnement d'un mois à un an et d'une amende de 100 fr. à 2,000 fr.

La peine sera du double si le coupable est fonctionnaire public.

Art. 107.

Ceux qui, à l'aide de fausses nouvelles, bruits calomnieux ou autres manœuvres frauduleuses, auront surpris ou détourné, tenté de surprendre ou de détourner des suffrages, déterminé ou tenté de déterminer un ou plusieurs électeurs à s'abstenir de voter, seront punis d'un emprisonnement d'un mois à un an, et d'une amende de 100 fr. à 2,000 fr.

Art. 108.

Lorsque, par attroupements, clameurs ou démonstrations menaçantes, on aura troublé les opérations d'un collège électoral, porté ou tenté de porter atteinte à l'exercice du droit électoral ou à la liberté du vote, les coupables seront punis d'un emprisonnement de trois mois à deux ans et d'une amende de 100 fr. à 2,000 fr.

Art. 109.

Toute irruption dans un collège électoral, consommée ou tentée avec violence, en vue d'interdire ou d'empêcher un choix, sera punie d'un emprisonnement d'un an à cinq ans et d'une amende de 1,000 fr. à 5,000 fr.

Art. 110.

Si les coupables étaient porteurs d'armes, ou si le scrutin a été violé, la peine sera la réclusion.

Art. 111.

Elle sera des travaux forcés à temps si le crime a été commis, par suite d'un plan concerté pour être exécuté, soit dans toute la République, soit dans un ou plusieurs départements, soit dans un ou plusieurs arrondissements.

Art. 112.

Les membres d'un collége électoral qui, pendant la réunion, se seront rendus coupables d'outrages ou de violence, soit envers le bureau, soit envers l'un de ses membres, ou qui, par voies de fait ou menaces, auront retardé ou empêché les opérations électorales, seront punis d'un emprisonnement d'un mois à un an et d'une amende de 100 fr. à 2,000 fr.

Si le scrutin a été violé, l'emprisonnement sera d'un an à cinq ans et l'amende de 1,000 fr. à 5,000 fr.

Art. 113.

L'enlèvement de l'urne contenant les suffrages émis et non encore dépouillés sera puni d'un emprisonnement d'un an à cinq ans et d'une amende de 1,000 fr. à 5,000 fr.

Si cet enlèvement a été effectué en réunion et avec violence, la peine sera la réclusion.

Art. 114.

La violation du scrutin faite, soit par les membres du bureau, soit par les agents de l'autorité préposés à la garde des bulletins non encore dépouillés, sera punie de la réclusion.

Art. 115.

Sera puni d'une amende de 25 fr. à 300 fr. tout président de collége ou de section qui aura fermé le scrutin avant l'heure fixée par l'art. 51 de la présente loi.

Dans ce cas, les art. 116 et 117, § 1er, ne sont pas appliqués.

Art. 116.

Les condamnations encourues en vertu des articles précédents emporteront l'interdiction du droit d'élire et d'être élu.

Cette interdiction sera prononcée par le même arrêt pour un an au moins et cinq ans au plus.

Art. 117.

Les crimes et délits prévus par la présente loi seront jugés par la cour d'assises.

L'art. 463 du Code pénal leur est applicable (1).

Lorsque, en matière de délits, le jury aura reconnu l'existence des circonstances atténuantes, la peine prononcée par la cour ne s'élèvera jamais au-dessus du minimum déterminé par la présente loi.

Dans le même cas, la cour pourra ne pas prononcer l'interdiction du droit d'élire ou d'être élu.

Art. 118.

En cas de conviction de plusieurs crimes ou délits prévus par la présente loi et commis antérieurement au premier acte de poursuite, la peine la plus forte sera seule appliquée.

Art. 119.

Si le crime ou délit est imputé à un agent du Gouvernement, la poursuite aura lieu sans qu'il soit besoin d'une autorisation préalable.

Art. 120.

Si le fonctionnaire inculpé est renvoyé de la plainte, la partie civile pourra, selon les circonstances, être condamnée à une amende de 100 fr. à 5,000 fr. et aux dommages et intérêts.

Le jury statuera sur le point de savoir s'il y a lieu à amende ; il prononcera de plus, mais à la simple majorité, sur le chiffre des dommages-intérêts, dans tous les cas où il en aura été demandé, soit par la partie civile, soit par l'accusé.

---

(1) L'art. 463 du Code pénal est celui en vertu duquel le jury peut admettre des circonstances atténuantes.

Art. 121.

L'action publique et l'action civile seront prescrites après trois mois, à partir du jour de la proclamation du résultat des élections.

Art. 122.

La condamnation, s'il en est prononcé, ne pourra, en aucun cas, avoir pour effet d'annuler l'élection déclarée valide par les pouvoirs compétents, ou devenue définitive par l'absence de toute protestation régulière formée dans les délais voulus par les lois spéciales.

Art. 123.

Les électeurs du collége qui aura procédé à l'élection à l'occasion de laquelle les crimes ou délits auront été commis, auront seuls qualité pour porter plainte ; toutefois leur défaut d'action ne portera aucun préjudice à l'action publique.

Art. 124.

Les lois antérieures sont abrogées en ce qu'elles ont de contraire aux dispositions de la présente loi.

Délibéré en séance publique, à Paris, les 8 et 28 février et 15 mars 1849.

Le Président et les Secrétaires,

Armand Marrast, Émile Péan, F. Degeorge, Louis Laussedat, Jules Richard, Peupin, Louis Perrée.

Le Président de l'Assemblée nationale,

Armand Marrast.

TABLEAU *du nombre de Représentants du peuple à élire par chaque département* (1).

Ain,	8	Gironde,	13	Pyrénées (Basses-),	10
Aisne,	12	Hérault,	8	Pyrénées (Hautes-),	5
Allier,	7	Ille-et-Vilaine,	12	Pyrénées-Orient^{les},	4
Alpes (Basses-),	3	Indre,	5	Rhin (Bas-),	12
Alpes (Hautes-),	3	Indre-et-Loire,	6	Rhin (Haut-),	10
Ardèche,	8	Isère,	12	Rhône,	11
Ardennes,	7	Jura,	7	Saône (Haute-),	7
Ariége,	6	Landes,	6	Saône-et-Loire,	12
Aube,	5	Loir-et-Cher.	5	Sarthe,	10
Aude,	6	Loire,	9	Seine,	28
Aveyron,	8	Loire (Haute-),	6	Seine-Inférieure,	16
Bouches-du-Rhône,	9	Loire-Inférieure,	11	Seine-et-Marne,	7
Calvados,	10	Loiret,	7	Seine-et-Oise,	10
Cantal,	5	Lot,	6	Sèvres (Deux-),	7
Charente,	8	Lot-et-Garonne,	7	Somme,	12
Charente-Infér^{re},	10	Lozère,	3	Tarn,	8
Cher,	6	Maine-et-Loire,	11	Tarn-et-Garonne,	5
Corrèze,	7	Manche,	13	Var,	7
Corse,	5	Marne,	8	Vaucluse,	5
Côte-d'Or,	8	Marne (Haute-),	5	Vendée,	8
Côtes-du-Nord,	13	Mayenne,	8	Vienne,	6
Creuse,	6	Meurthe,	9	Vienne (Haute-),	7
Dordogne,	10	Meuse,	7	Vosges,	9
Doubs,	6	Morbihan,	10	Yonne,	8
Drôme,	7	Moselle,	9	Algérie,	3
Eure,	9	Nièvre,	7	Martinique,	2
Eure-et-Loir,	6	Nord,	24	Guadeloupe,	2
Finistère,	13	Oise,	8	Guyane,	1
Gard,	8	Orne,	9	Sénégal,	1
Garonne (Haute-),	10	Pas-de-Calais,	15	Ile de la Réunion,	2
Gers,	7	Puy-de-Dôme,	13	TOTAL...	750

Délibéré en séance publique, à Paris, les 8 et 28 février et 15 mars 1849.

Le Président et les Secrétaires :

ARMAND MARRAST, ÉMILE PÉAN, F. DEGEORGE, LOUIS LAUSSEDAT, JULES RICHARD, PEUPIN, LOUIS PERRÉE.

Le Président de l'Assemblée nationale,

ARMAND MARRAST.

---

(1) Voir art. 90 de la loi du 15 mars, page 25.

LOI

RELATIVE AUX CIRCONSCRIPTIONS ÉLECTORALES,

Des 29 novembre, 6 et 26 décembre 1849.

An nom du Peuple français,

L'ASSEMBLÉE NATIONALE LÉGISLATIVE A ADOPTÉ LA LOI dont la teneur suit :

Les articles 27 et 29 de la loi électorale sont modifiés de la manière suivante (1) :

ART. 27.

« Toute circonscription électorale doit comprendre une » population de plus de cinq cents habitants.

» Toutefois, les communes dont le territoire est séparé » par la mer du canton dont elles dépendent, peuvent for- » mer une circonscription, quel que soit le chiffre de leur » population.

» Aucune commune rurale ne peut être fractionnée en » deux ou plusieurs circonscriptions. »

ART. 29.

« Si la division opérée pour un canton n'est pas faite » conformément à l'article 27 de la présente loi, le mi- » nistre de l'intérieur, soit d'office, soit sur la réclamation » d'un ou plusieurs électeurs du département, annule la » délibération du conseil général, l'arrêté du préfet qui » s'en est suivi, et pourvoit par la même décision à une » nouvelle division dans les limites légales. »

------

(1) Voir la loi du 45 mars, page 14.

Dispositions transitoires.

ARTICLE PREMIER.

Le tableau des circonscriptions sera arrêté dans la prochaine session des conseils généraux, pour être révisé à l'avenir tous les trois ans, conformément à la disposition finale de l'art. 28.

ART. 2.

Les conseils généraux des départements dans lesquels des élections devront avoir lieu avant la session ordinaire de ces conseils, seront réunis en session extraordinaire, quinze jours au moins avant les élections, pour arrêter le tableau des circonscriptions électorales prescrit en vertu des dispositions qui précèdent

Délibéré en séance publique, à Paris, les 29 novembre, 6 et 26 décembre 1849.

Le Président et les Secrétaires,

Signé : BAROCHE, vice-président, ARNAUD (de l'Ariége), CHAPOT, LACAZE, PEUPIN, HEECKEREN, BÉRARD.

La présente loi sera promulguée et scellée du sceau de l'État.

Le Président de la République,

Signé : LOUIS-NAPOLÉON BONAPARTE.

Le Garde des sceaux, Ministre de la justice,

Signé : E. ROUHER.

LOI QUI MODIFIE LA LOI ÉLECTORALE
DU 15 MARS 1849.

DU 31 MAI 1850.

AU NOM DU PEUPLE FRANÇAIS,

L'Assemblée nationale a adopté d'urgence la loi dont la teneur suit :

ARTICLE PREMIER.

Dans les trente jours qui suivront la promulgation de la présente loi, la liste électorale sera dressée par le maire, assisté de deux délégués désignés pour chaque commune par le juge de paix et domiciliés dans le canton.

Les délégués auront le droit de consigner leurs observations sur le procès-verbal ; ce procès-verbal sera déposé par le maire, avec la liste électorale, au secrétariat de la mairie, pour être communiqué à tout requérant.

ART. 2.

La liste comprendra, par ordre alphabétique :

1° Tous les Français âgés de vingt et un ans accomplis, jouissant de leurs droits civils et politiques, actuellement domiciliés dans la commune, et qui ont leur domicile dans la commune ou dans le canton depuis trois ans au moins ;

2° Ceux qui, n'ayant pas atteint, lors de la formation de la liste, les conditions d'âge et de domicile, les acquerront avant la clôture définitive.

ART. 3.

Le domicile électoral sera constaté :

1° Par l'inscription au rôle de la taxe personnelle, ou

par l'inscription personnelle au rôle de la prestation en nature pour les chemins vicinaux ;

2° Par la déclaration des pères ou mères, beaux-pères
ou belles-mères ou autres ascendants domiciliés depuis
trois ans, en ce qui concerne les fils, gendres, petit-fils et
autres descendants majeurs vivant dans la maison pater-
nelle, et qui, par application de l'art. 12 de la loi du
21 avril 1832, n'ont pas été portés au rôle de la contribution personnelle (1) ;

3° Par la déclaration des maîtres ou patrons, en ce qui
concerne les majeurs qui servent ou travaillent habituellement chez eux, lorsque ceux-ci demeurent dans la même
maison que leurs maîtres ou patrons, ou dans les bâtiments
d'exploitation.

Art. 4.

Les déclarations des pères, mères, beaux-pères, belles-
mères ou autres ascendants, maîtres ou patrons, seront
faites par écrit sur des formules délivrées gratis. Ces déclarations seront remises chaque année au maire, du 1er au
31 décembre.

Les pères, mères, beaux-pères, belles-mères ou autres
ascendants, maîtres ou patrons, qui ne pourront pas faire
leurs déclarations par écrit, devront se présenter, assistés
de deux témoins domiciliés dans la commune, devant le
maire, pour faire leurs déclarations.

Toute fausse déclaration sera punie correctionnellement
d'une amende de 100 fr. à 2,000 fr., d'un emprisonnement
de six mois au moins et de deux ans au plus, et de l'interdiction du droit de voter ou d'être élu pendant cinq ans au
moins et dix ans au plus.

---

(1) Art. 12 de la loi du 21 avril 1832.
La contribution personnelle et mobilière est due par chaque habitant
français et par chaque étranger de
tout sexe jouissant de ses droits, et
non réputé indigent. — Sont considérés comme jouissant de leurs droits
les veuves et les femmes séparées de
leurs maris, les garçons et filles majeurs ou mineurs ayant des moyens
suffisants d'existence, soit par leur
fortune personnelle, soit par la profession qu'ils exercent, lors même
qu'ils habitent avec leurs père, mère,
tuteur ou curateur.
Art. 3 de la loi du 21 mai 1836. Tout
habitant, chef de famille ou d'établissement, à titre de propriétaire, de ré-
gisseur, de fermier, ou de colon par-
tiaire, porté au rôle des contributions
directes, pourra être appelé à fournir
chaque année une prestation de trois
jours : 1° pour sa personne et pour
chaque individu mâle, valide, âgé de
dix-huit ans au moins et de soixante
ans au plus, membre ou serviteur de
la famille et résidant dans la commune; 2° pour chacune des charrettes
ou voitures attelées, et, en outre,
pour chacune des bêtes de somme, de
trait, de selle, au service de la famille
ou de l'établissement dans la commune.

Les tribunaux pourront, s'il existe des circonstances atténuantes, faire application de l'art. 463 du Code pénal (1).

En cas d'empêchement des pères, mères ou autres ascendants, et en cas de refus ou d'empêchement du maître ou patron de faire ou délivrer la déclaration qui doit être remise chaque année à la mairie, le fait du domicile chez les pères, mères ou autres ascendants, ou chez le maître ou patron, sera constaté par le juge de paix.

Art. 5.

Les fonctionnaires publics seront inscrits sur la liste électorale de la commune dans laquelle ils exerceront leurs fonctions, quelle que soit la durée de leur domicile dans cette commune.

La même disposition s'applique aux ministres en exercice des cultes reconnus par l'État.

Les membres de l'Assemblée nationale pourront requérir leur inscription sur la liste électorale du lieu où siége l'Assemblée.

Ceux qui n'auront pas requis cette inscription ne pourront voter qu'au lieu de leur domicile.

Art 6.

Les militaires présents sous les drapeaux dans les armées de terre ou de mer seront inscrits sur la liste électorale de la commune où ils auront satisfait à l'appel.

Art. 7.

Quiconque quittera la commune sur la liste électorale de laquelle il est inscrit continuera à être porté sur cette liste pendant trois ans, à charge de justifier, dans les formes et sous les conditions prescrites par les articles 3, 4 et 5 de la présente loi, de son domicile dans la commune où il aura fixé sa nouvelle résidence.

Art. 8.

Ne seront pas inscrits sur la liste électorale, et ne pourront être élus :

---

(1) L'art. 463 du Code pénal est celui en vertu duquel le jury peut admettre des circonstances atténuantes.

1° Les individus désignés aux paragraphes 1, 2, 3, 5, 6 et 7 de l'article 3 de la loi du 15 mars 1849 (1) ;

2° Les faillis non réhabilités dont la faillite a été déclarée, soit par les tribunaux français, soit par jugements rendus à l'étranger, mais exécutoires en France (2) ;

3° Les individus désignés au paragraphe 4 de l'art. 3 de la loi du 15 mars 1849, quelle que soit la durée de l'emprisonnement auquel ils ont été condamnés (3) ;

4° Les individus condamnés à l'emprisonnement en vertu de l'article 330 du Code pénal (4) ;

5° Les individus qui, par application de l'article 8 de la loi du 17 mai 1819 et de l'article 3 du décret du 11 août 1848, auront été condamnés pour outrage à la morale publique et religieuse ou aux bonnes mœurs, et pour attaque contre le principe de la propriété et les droits de la famille (5) ;

6° Les individus condamnés à plus de trois mois d'emprisonnement, en vertu des articles 98, 100, 101, 102, 103, 105, 106, 107, 108, 109, 112 et 113 de la loi du 15 mars 1849 (6) ;

7° Les notaires, greffiers et officiers ministériels destitués en vertu de jugements ou de décisions judiciaires ;

8° Les condamnés pour vagabondage ou mendicité ;

9° Ceux qui auront été condamnés à trois mois de prison

---

(1) Voir loi du 15 mars, pages 3 et 4.
(2) Voir loi du 15 mars, page 4.
Art. 604 du Code de commerce. Le failli, qui aura intégralement acquitté en principal, intérêts et frais, toutes les sommes par lui dues, pourra obtenir sa réhabilitation. Il ne pourra l'obtenir, s'il est l'associé d'une maison de commerce tombée en faillite, qu'après avoir justifié que toutes les dettes de la société ont été intégralement acquittées en principal, intérêts et frais, lors même qu'un concordat particulier lui aurait été consenti.
(3) Voir la note du § 4 de l'art. 3 de la loi du 15 mars, page 4.
(4) Art. 330 du Code pénal. Toute personne qui aura commis un outrage public à la pudeur, sera punie d'un emprisonnement de trois mois à un an et d'une amende de 16 à 200 fr.
(5) Art. 8 de la loi du 17 mai 1819. Tout outrage à la morale publique et religieuse, et aux bonnes mœurs par l'un des moyens énoncés en l'art. 1 (a) sera puni d'un emprisonnement d'un

mois à un an et d'une amende de 16 à 500 fr.
Art. 3 du décret du 11 août 1848. L'attaque par l'un des moyens énoncés en l'art. 1 de la loi du 17 mai 1819(a), contre la liberté des cultes, le principe de la propriété et les droits de la famille,sera punie d'un emprisonnement d'un mois à trois ans et d'une amende de 100 à 4,000 fr.
(6) Ces articles édictent des pénalités pour avoir commis l'un des délits de fraude, de corruption ou de violence en matière électorale. Voir ces articles, pages 26 et suiv.

(a) Art. 1 de la loi du 17 mai 1819. Quiconque, soit par des discours, des cris ou menaces proférés dans des lieux ou réunions publics, soit par des écrits, des imprimés, des dessins, des gravures, des peintures ou emblèmes vendus ou distribués, mis en vente ou exposés dans des lieux ou réunions publics, soit par des placards et affiches exposés au regard du public, aura provoqué l'auteur ou les auteurs de toute action qualifiée crime ou délit à la commettre, sera réputé complice et puni comme tel.

au moins, par application des articles 439, 443, 444, 445, 446, 447 et 452 du Code pénal (1) ;

10° Ceux qui auront été déclarés coupables des délits prévus par les art. 410 et 411 du Code pénal, et par la loi du 21 mai 1836, portant prohibition des loteries (2) ;

---

(1) Art. 439 du Code pénal. Quiconque aura volontairement brûlé ou détruit d'une manière quelconque des registres, minutes ou actes originaux de l'autorité publique, des titres, billets, lettres de change, effets de commerce ou de banque, contenant ou opérant obligation, disposition ou décharge, sera puni ainsi qu'il suit : Si les pièces détruites sont des actes de l'autorité publique, ou des effets de commerce ou de banque, la peine sera la réclusion ; — S'il s'agit de toute autre pièce, le coupable sera puni d'un emprisonnement de deux à cinq ans, et d'une amende de 100 à 300 fr.

Art. 443. Quiconque, à l'aide d'une liqueur corrosive, ou par tout autre moyen, aura volontairement gâté des marchandises ou matières servant à la fabrication, sera puni d'un emprisonnement d'un mois à deux ans, et d'une amende qui ne pourra excéder le quart des dommages-intérêts, ni être moins de 16 fr. — Si le délit a été commis par un ouvrier de la fabrique ou par un commis de la maison de commerce, l'emprisonnement sera de deux à cinq ans, sans préjudice de l'amende.

Art 444. Quiconque aura dévasté des récoltes sur pied ou des plants venus naturellement ou faits de mains d'homme, sera puni d'un emprisonnement de deux ans au moins, de cinq ans au plus.

Art. 445. Quiconque aura abattu un ou plusieurs arbres qu'il savait appartenir à autrui, sera puni d'un emprisonnement qui ne sera pas au-dessous de six jours, ni au-dessus de six mois, à raison de chaque arbre, sans que la totalité puisse excéder cinq ans.

Art. 446. Les peines seront les mêmes à raison de chaque arbre mutilé, coupé ou écorcé, de manière à le faire périr.

Art. 447. S'il y a eu destruction d'une ou de plusieurs greffes, l'emprisonnement sera de six jours à deux mois, à raison de chaque greffe, sans que la totalité puisse excéder deux ans.

Art. 452. Quiconque aura empoisonné des chevaux ou autres bêtes de voiture, de monture ou de charge, des bestiaux à cornes, des moutons, chèvres ou porcs, ou des poissons dans des étangs, viviers ou réservoirs, sera puni d'un emprisonnement d'un an à cinq ans, et d'une amende de 16 à 300 fr.

(2) Art. 410 du Code pénal. Ceux qui auront tenu une maison de jeux de hasard, et y auront admis le public, soit librement, soit sur la présentation des intéressés ou affiliés, les banquiers de cette maison, tous ceux qui auront établi ou tenu des loteries non autorisées par la loi, tous administrateurs préposés ou agents de ces établissements, seront punis d'un emprisonnement de deux mois au moins et de six mois au plus, et d'une amende de 100 à 6,000 fr. — Les coupables pourront être de plus, à compter du jour où ils auront subi leur peine, interdits pendant cinq ans au moins et dix au plus, des droits mentionnés à l'article 42 du Code pénal (a).

Art. 411. Ceux qui auront établi ou tenu des maisons de prêt sur gage ou nantissement, sans autorisation légale, ou qui, ayant une autorisation, n'auront pas tenu un registre conforme aux règlements, contenant de suite, sans aucun blanc ni interligne, les sommes ou les objets prêtés, les noms, domicile et profession des emprunteurs, la nature, la qualité, la valeur des objets mis en nantissement, seront punis d'un emprisonnement de quinze jours au moins, de trois mois au plus, et d'une amende de 100 fr. à 2,000 fr.

Art. 1 de la loi du 21 mai 1836. Les loteries de toute espèce sont prohibées.

Art. 2. Sont réputées loteries et interdites comme telles, les ventes d'immeubles, de meubles ou marchandises effectuées par la voie du sort, ou auxquelles auraient été réunies des primes ou autres bénéfices dus au hasard et généralement toutes opérations offertes au public pour faire naître l'espérance d'un gain qui serait acquis par la voie du sort.

Art. 3. La contravention à ces prohibitions sera punie des peines portées à l'art. 410 du Code pénal.

(a) Les tribunaux jugeant correctionnellement pourront, dans certains cas, interdire en tout ou en partie l'exercice des droits civiques, civils et de famille suivants : — 1° de vote et d'élection ;— 2° d'éligibilité ; —3° d'être appelé ou nommé aux fonctions de juré, ou autres fonctions publiques, ou aux emplois de l'administration, ou d'exercer ces fonctions ou emplois ; — 4° du port-d'armes ; — 5° de vote et de suffrage dans les délibérations de famille ; — 6° d'être tuteur, curateur, si ce n'est de ses enfants et sur l'avis seulement de la famille. — 7° d'être expert ou employé comme témoin dans les actes. — 8° de témoignage en justice, autrement que pour y faire de simples déclarations.

11° Les militaires condamnés au boulet ou aux travaux publics;

12° Les individus condamnés à l'emprisonnement par application des art. 38, 41, 43 et 45 de la loi du 21 mars 1832 sur le recrutement de l'armée (1).

Art. 9.

Les condamnés à plus d'un mois d'emprisonnement pour rébellion, outrages et violences envers les dépositaires de l'autorité et de la force publique, pour outrages publics envers un juré à raison de ses fonctions, ou envers un témoin à raison de ses dépositions, pour délits prévus par la loi sur les attroupements et la loi sur les clubs, et pour infraction à la loi sur le colportage, ainsi que les militaires envoyés par punition dans les compagnies de discipline, ne pourront pas être inscrits sur la liste électorale, pendant cinq ans, à dater de l'expiration de leur peine (2).

---

(1) Art. 38 de la loi du 21 mars 1832. · Toutes fraudes ou manœuvres par suites desquelles un jeune homme aura été omis sur les tableaux de recensement seront déférées aux tribunaux ordinaires, et punies d'un emprisonnement d'un mois à un an.

Le jeune homme omis, s'il a été condamné comme auteur ou complice desdites fraudes ou manœuvres, sera, à l'expiration de sa peine, inscrit sur la liste du tirage ainsi que le prescrit l'art. 11.

Art. 41. Les jeunes gens appelés à faire partie du contingent de leur classe qui seront prévenus de s'être rendus impropres au service militaire, soit temporairement, soit d'une manière permanente, dans le but de se soustraire aux obligations imposées par la présente loi, seront déférés aux tribunaux par les conseils de révision, et, s'ils sont reconnus coupables, ils seront punis d'un emprisonnement d'un mois à un an.

Seront également déférés aux tribunaux et punis de la même peine, les jeunes soldats qui, dans l'intervalle de la clôture du contingent de leur canton à leur mise en activité, se seront rendus coupables du même délit.

A l'expiration de leur peine, les uns et les autres seront à la disposition du ministre de la guerre pour le temps que doit à l'état la classe dont ils font partie.

La peine portée au présent article sera prononcée contre les complices. Si les complices sont des médecins, chirurgiens, officiers de santé, ou pharmaciens, la durée de l'emprisonnement sera de deux mois à deux ans, indépendamment d'une amende de 200 fr. à 1,000 qui pourra être prononcée, et sans préjudice de peines plus graves, dans les cas prévus par le Code pénal.

Art. 43. Toute substitution, tout remplacement effectué, soit en contravention des dispositions de la présente loi, soit au moyen de pièces fausses ou de manœuvres frauduleuses, sera déféré aux tribunaux, et sur le jugement qui prononcerait la nullité de l'acte de substitution ou de remplacement, l'appelé sera tenu de rejoindre son corps, ou de fournir un remplaçant dans le délai d'un mois à dater de la notification de ce jugement.

Quiconque aura sciemment concouru à la substitution ou au remplacement frauduleux, comme auteur ou complice, sera puni d'un emprisonnement de trois mois à deux ans, sans préjudice de peines plus graves en cas de faux.

Art. 45. Les médecins, chirurgiens ou officiers de santé qui, appelés au conseil de révision à l'effet de donner leur avis conformément à l'article 16, auront reçu des dons ou agréé des promesses pour être favorables aux jeunes gens qu'ils doivent examiner, seront punis d'un emprisonnement de deux mois à deux ans.

Cette peine leur sera appliquée, soit que, au moment des dons ou promesses, ils aient déjà été désignés pour assister au conseil, soit que les dons ou promesses aient été agréés dans la prévoyance des fonctions qu'ils auraient à remplir.

Il leur est défendu, sous la même peine, de rien recevoir, même pour une réforme justement prononcée.

(2) Incapacités temporaires.

Art. 10.

Les fusiliers des compagnies de discipline rentreront en jouissance du droit électoral à l'expiration de leur punition (1).

Art. 11.

Seront rayés de la liste électorale, à la requête du ministère public, pour un laps de temps qui ne pourra être moins de cinq ans, ni excéder dix ans, et dont la durée sera fixée par le tribunal, les individus qui auront encouru une condamnation pour les délits prévus par les art. 338 et 339 du Code pénal (2).

Art. 12.

Les militaires et marins présents sous les drapeaux continueront d'être répartis dans chaque localité en sections électorales par département.

Les bulletins seront recueillis et envoyés au chef-lieu du département dans un paquet cacheté, et confondus, dans les diverses sections électorales du chef-lieu, avec les bulletins des autres électeurs.

Art. 13.

Nul n'est élu ni proclamé représentant au premier tour de scrutin, s'il n'a réuni un nombre de voix égal au quart des électeurs inscrits sur la totalité des listes électorales du département.

Art. 14.

En cas de vacances par option, démission, décès ou autrement, le collége électoral qui doit pourvoir à la vacance est réuni dans le délai de six mois, à partir de la notification qui doit être faite par le président de l'Assemblée nationale au ministre de l'intérieur.

(1 *Incapacités temporaires.*
(2)*Incapacités temporaires.*—Art.338 du Code pénal. Le complice de la femme adultère sera puni de l'emprisonnement pendant le même espace de temps (*a*), et, en outre, d'une amende de 100 à 2,000 fr.

Art. 339. Le mari qui aura entretenu une concubine dans la maison conjugale, et qui aura été convaincu sur la plainte de la femme, sera puni d'une amende de 100 à 2,000 fr.

(*a*) Art. 337. La femme convaincue d'adultère subira la peine de l'emprisonnement pendant trois mois au moins et deux ans au plus.

ART. 15.

Dans les villes où le contingent personnel et mobilier est payé en totalité ou en partie par la caisse municipale, l'état des imposables à la taxe personnelle, dressé par les commissaires répartiteurs, assistés du contrôleur des contributions directes, et qui sert à déterminer le contingent de la commune, sera soumis chaque année au conseil municipal (1).

L'inscription sur l'état des imposables équivaudra à l'inscription au rôle de la taxe personnelle.

Dispositions transitoires.

ART. 16.

Pour la confection des listes électorales dressées en exécution de la présente loi pour l'année 1850, toutes les règles prescrites par la loi du 15 mars 1849, en ce qui concerne les délais et les réclamations, seront observées, et les listes seront closes trois mois après la promulgation de la loi.

Les déclarations prévues par l'art. 3 seront faites dans les trente jours de la promulgation.

Tout individu qui n'aura pas trois ans de domicile dans la commune où il résidera lors de la confection des listes sera inscrit sur la liste électorale de la commune qu'il habitait antérieurement, s'il y justifie de trois années de domicile, conformément à l'art. 3, sans préjudice de ce qui est dit au deuxième paragraphe de l'art. 2 de la présente loi.

La révision annuelle des listes pour les autres années sera faite aux époques et d'après les règles déterminées au titre II de la loi du 15 mars 1849 (2).

ART. 17.

Continueront à être exécutées pour les élections de l'Algérie et des colonies, les dispositions de la loi du 15 mars

---

(1) Art. 20 de la loi du 21 avril 1832. Dans les villes ayant un octroi, le contingent personnel et mobilier pourra être payé en totalité ou en partie par les caisses municipales, sur la demande qui en sera faite aux préfets par les Conseils municipaux. Ces Conseils détermineront la portion du contingent qui devra être prélevé sur les produits de l'octroi. La portion à percevoir au moyen d'un rôle sera répartie en cote mobilière seulement, au centime le franc des loyers d'habitation, après déduction des faibles loyers que les Conseils municipaux croiront devoir exempter de la cotisation. — Les délibérations prises par les Conseils municipaux ne recevront leur exécution qu'après avoir été approuvées par ordonnance royale.

(2) Voir pages 9 et 10.

1849, jusqu'à la promulgation des lois organiques prévues par l'art. 109 de la Constitution (1).

Délibéré en séance publique, à Paris, le 31 mai 1850.

Le Président et les Secrétaires,

Signé : DUPIN, ARNAUD (de l'Ariége), LACAZE, CHAPOT, PEUPIN, HEECKEREN, BÉRARD.

La présente loi sera promulguée et scellée du sceau de l'Etat.

Le Président de la République,

Signé : LOUIS-NAPOLÉON BONAPARTE.

Le Garde des Sceaux,
Ministre de la Justice,

Signé : E. ROUHER.

---

(1) Art. 109 de la Constitution. Le territoire de l'Algérie et les Colonies est déclaré territoire français, et sera régi par des lois particulières jusqu'à ce qu'une loi spéciale les place sous le régime de la présente Constitution.